KB202762

행복을 바겐세일 합니다
(전도 복음 만화)

행복을 바겐세일 합니다

· 초판 1쇄 발행 2014년 3월 20일

· 지은이 글 홍수명 그림 바이블하우스
· 펴낸이 민상기 · 편집장 이숙희 · 펴낸곳 도서출판 드림북
· 등록번호 제 65 호 · 등록일자 2002. 11. 25.
· 경기도 의정부시 가능1동 639-2(1층) · Tel (031)829-7722, Fax(031)829-7723

· 책번호 66

행복을 바겐세일 합니다
(전도 복음 만화)

글 홍수명
그림 바이블하우스

드림북

목 차

Ⅰ. 사람들에게는 왜 참된 행복이 없을까요?

안녕하세요!

저는 여러분에게 세상에서 가장 아름답고

놀라운 러브 스토리를 말씀 드릴 전도해 목사라고 합니다.

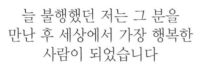

늘 불행했던 저는 그 분을 만난 후 세상에서 가장 행복한 사람이 되었습니다

이 이야기는 여러분의 운명을 바꾸는 놀라운 최고의 선물이 될 것입니다

이 짧은 내용을 통해 여러분들의 삶이 단번에 행복으로 바뀌는 획기적인 사건이 일어나길 진정으로 바랍니다

7

하나님께서 생기를 넣어 만물 중에서 유일하게 사람만 하나님을 닮도록 창조된 영적존재입니다

그래서 사람은 거룩하고 지혜롭고 사랑스러운 하나님의 자녀가 되었습니다.

원래 사람은 하나님께서 자기 형상대로 창조한 아름다운 존재였습니다(창 1:27).

?..!.!

?

!!!

사람은 하나님이 주신 지혜를 사용해

로켓을 만들어 달나라도 갈 수 있는 무한한 가능성을 가지게 되었습니다.

하나님은 창조하신 사람을 아름다운 행복동산에서 살도록 하셨습니다.

그리고, 생육하고 번성하고, 땅에 충만하고, 정복할 수 있는 복을 주시고

온 세상을 다스리고 누릴 수 있도록 권세를 주셨습니다(창 1:28).

그래서 사람은 창조주이신 하나님과 함께 할 때만 진정한 행복과 평안, 기쁨을 가질 수 있게 되었습니다.

하나님은 말씀의 능력으로 천지를 창조하셨습니다(창 1장).

… 있을지어다 !!

낮과 밤을 나누시고

모든 동물과

모든 씨 맺는 채소와

갖가지 꽃과 열매와

계절 따라 맛있는 과일들도 사람을 위해 만드셨습니다.

물고기는 물 속에서 헤엄치며 살 때
행복할 수 있듯이

사람은, 사람을 창조하신 하나님과 함께
교제하며 살아야 행복할 수 있습니다.

아 글쎄
하와가
말이죠...

하나님은 사람과
에덴동산의 주인 하나님
이신 것을 알게 하시려고

첫 사람인 아담과
하와에게 약속을
하셨는데

에덴의 모든 나무의 열매는
다 먹어도 되지만...

다~먹어
다~먹어!

에덴동산 중앙에 있는 선악과는
먹지 못하게 하시고

응!
먹으면
죽는대나봐

저건
절대로 안 된대?

"먹는 날에는 반드시 죽는다!"고
말씀하셨습니다(창 2:17).

알지?
명심해~!

슈!

이크!

이 선악과 약속은 하나님이 사탄에게서 사람을 보호하려는 법입니다.

왜냐하면 인간보다 먼저 창조된 영적존재인 천사가 하나님을 대적하여 타락한 사탄으로 존재했기 때문입니다 (겔28:13~17, 계12:9)

Hi!

그런데 어느 날 사탄은 뱀을 이용해 하와를 유혹하고 이렇게 거짓말을 했습니다.

네가 선악과를 먹으면 하나님처럼 눈이 밝아져 선악을 알게 될 것이고,

하나님 보다 높아질 수 있지!

이 아름다운 열매를 바바바

널름널름

하와는 고민을 했지만,

먹고 싶다아~~ 그래도 어떻게~~

너무나도 탐스럽고 먹음직하게 생긴 선악과의 유혹을 뿌리치지 못하고 남편인 아담과 함께 먹었습니다.

자! 나 지금 먹었는데, 아무일도 안 일어나! 다~먹고 살자고 하는 일인데...

척!!

사탄의 유혹을 받아 선악과를 먹으면 약속대로 저주를 받아 고통스런
사탄의 자녀가 되는 것이고

하나님의 약속을 믿고 지키며 말씀을 순종하면 영원히 하나님의 자녀가 되어
행복을 누릴 수 있지만 아담과 하와는 그렇지 못했습니다.

국, 하나님과의 약속을 사람 편에서
기고 말았습니다(창 3:1-6).

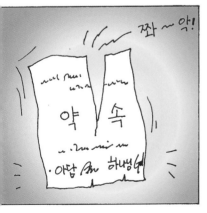

하나님의 말씀을 믿지 않고 사탄의 유혹에 넘어가

하나님을 떠난 최초의 사람인 아담과
하와의 불신앙의 죄 때문에

그의 후손인 모든 인간은 태어날 때부터 원죄를
가진 죄인으로 태어나게 되었습니다(롬 3:23).

이것은 마치 할아버지와 아버지가 흑인이면
자기도 자기의 의지와 상관없이

흑인으로 태어난 것과 같은 이치라고
할 수 있습니다.

아담과 하와의 원죄 때문에 모든 사람은 마귀의 자녀가
되어(요한복음 8:44)

그를 섬기며, 보이지 않지만
'운명' 과 '팔자' 라는
마귀의 법에 묶여

저주와 재앙을 숙명이라 받아들이며 고통스럽게 살아가게 되었습니다.

그 결과로 남자는 땀을 흘리며 열심히 일해서 가족을 책임져야 하고,

고생과 근심의 짐을 지고 눈에 보이는 우상을 섬기며 살아가게 되었습니다(창 3:16-17).

15

사람은 노력, 돈, 지식 등 자기 능력으로
해결 할 수 없는 근본 문제를 가지고 태어나는데

첫째는, '하나님을 떠난 문제'(창 3:1~6)로서
영적인 사망상태라고 할 수 있습니다.

둘째는, '죄' 문제인데, 아담과 하와의 죄로 인한 '원죄'와
스스로 짓게 되는 '자범죄'가 있고(롬 3:23)

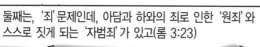

셋째는 '사탄 문제'(요 8:44)인데

이 세 가지 문제는 어느 인간도 해결 할 수 없고, 돈이 많아도 정치적인 권력이 있어도,
힘과 능력이 있어도 해결 할 수 없고, 오직 하나님 만이 해결할 수 있습니다.

그래서 사람은 죄와 사망의 보이지 않는
밧줄로 꽁꽁 묶여 잘못된 인생의 길을
살아가고 있습니다.

불쌍해...

길, 진리, 생명...

또한, 눈에 보이는 것만 고집하다 보니
하나님은 안 보이고

난, 보이는 것만
믿는다!

돈, 명예, 지식, 권력, 자기 열심과 노력으로
서로 미워하고

나! 00장관

나! S대 교수!

원망과 불평, 시기, 싸움으로 분쟁하고 평안이 없는
삶을 살다가

야!
너 죽을래?

저게...
보자보자 하니까
내가
보자기로 보이나~

죽으면 사탄에 의해 지옥으로 끌려가는 것입니다
(눅 16:19~31).

가자!

싫어 ~~~!

버둥버둥

17

II. 하나님을 떠난 사람들은 어떻게 살까요?

하나님을 떠난 사람들은 소속과 신분이
마귀 자녀가 되어(요 8:44)

돈이 아무리 많고 대통령이 되고 박사가 되어도

미스코리아 같이 예쁘고, 노래를 잘 하는
가수가 되어도

운명과 현실에서 결코 해방 될 수 없습니다.

육신이 잠깐 쾌락은 있지만,
　　　영혼은 결코 행복할 수 없고

흙을 떠난 나무는 점점 말라 죽듯이 마지막은
더 불행하게 됩니다.

19

또 영적인 문제가 생기는 데도 눈에 보이는 우상을 만들어

이보게! 좌우 대칭을 잘 맞춰야지~

땅!

땅!

지금 손 보고 있어요~

복을 달라고 빌며 섬기고,

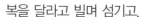

비나이다~

비나이다~

굿도 하고, 점도 보고

에잉~ 살이 꼈어, 살이! 할아버지 묘자리를 잘못 잡았구만!

짝~!

힐~!

부적이나 염주를 손목에 차고 다니면 그것이 복을 준다고 어리석은 생각에 사로잡혀

눈에 보이는 것을 자꾸 쫓아가며 섬기게 되지만,

하나님이 아닌 다른 것을 섬기는 이런 종교로는 결코 문제를 해결 할 수 없습니다(고전 12:2).

참행복

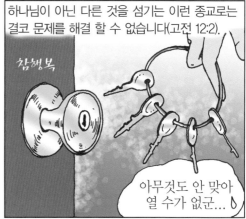

아무것도 안 맞아 열 수가 없군...

종교는 돌이나 나무로 사람이나
또다른 형상들을 깎아 만들어 섬기는데
(사 44:10-20)

우리
나무인데..

地下女將軍

天下大將軍

그것은 사람의 손으로 만든 수공물이지
신은 아니기 때문에 복을 줄 수가
없습니다.

공기가 우리 눈에 안 보이듯이, 영적인
세계도 눈으로 보이지 않고,

하나님은 성령으로 말씀과 기도를 통해
깨닫게 해 주십니다(고전 2:10).

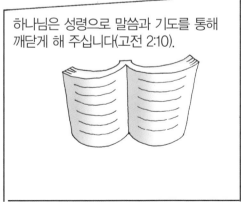

하나님을 믿지 않는 불신자가 산 속에
들어가 촛불을 켜고 40일 기도를 하면,

귀신도 영이기 때문에 그 속에 들어갈 수 있습니다.

비나이다~
비나이다~
천지신명께~

싹싹

우상숭배를 오래하는 것은 그만큼 무서운 일이라고 할 수 있습니다.

소원을 들어 주소서

암, 들어주고 말고!

나에게 열심히 경배해라

그리고 우상숭배를 오래 하면 마음과 정신에 문제가 생기게 됩니다.
(마 11:28)

하나님을 떠나 하나님의 진노를 받는 존재가 되니까 늘 불안하고 두렵고(엡 2:3)

나, 부적 써 왔잖아

요즘 왜 이렇게 재수가 없고 일진이 사납지? 점이라도 보러 갈까?

그 보살이 족집게라던데

스트레스와 신경질이 나고 악몽을 꾸기도 하고…

벅벅!

도대체 사는게 왜 이러냐구~

가문에는 이상한 질병과 이상한 사고들이 끊이질 않고

아이고~ 우짜다 이렇게 됐노~

22

자살,

도박,

공황장애,

가출,

이혼,

애는 당신이 알아서 해요.

으앙~

정신병 등이 일어나게 됩니다.

영적인 존재인 사람들 속에 하나님의 영이 떠나고

영적 도둑인 마귀의 영이 들어가면

사람은 할 수 없이 아주 무섭고 더러운 짓을 할 수 밖에 없습니다.

가만 안 두겠으...

망하고 싶은 사람은 아무도 없을 것입니다.

누가 그걸 원하겠 어요...

그런데 자기 마음대로 살지 못하고 귀신이 시키는대로 살 수 밖에 없게 되니 이는 불행한 일입니다.

우쒸~!

그리고 에이즈, 대물림 병, 불치병 (행 8:4-8)

아이고~ 아이고~

가난, 불면증, 우환, 질고가 끊이지 않고

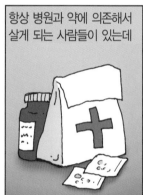

항상 병원과 약에 의존해서 살게 되는 사람들이 있는데

우상숭배가 심할수록 그런 부분들이 더 나타나게 되는 경향이 있습니다.

심지어 우상숭배가 많은 나라들은 재앙이 많다고 성경은 말씀하십니다.

지진, 기근, 전쟁, 악성 전염병, 천재지변 등 말세에는 이런 징조들이 있을 것을 성경은 이미 말씀하고 있습니다(마 24:3~7, 눅 21:11, 딤후 3:1~5).

또한 하나님께서 사람의 육체를 흙으로 만드셨기 때문에

사람이 죽으면 육체는 다시 흙으로 돌아가고

영혼은 심판대 앞에 서게 됩니다(히 9:27).

이때, 하나님 자녀는 천국으로 가고

♪감사합니다~
빵빠빵~

하나님을 믿지 않는 사람은 지옥으로 가게 됩니다.

으아~ 살려줘~

이것은 하나님이 없다고 아무리 말을 해도

글쎄 없다니까! 있으면 내 손에 장을 지진다고

죽은 후에는 반드시 알게되는 사실임을 성경은 말씀하고 있습니다.
(눅 16:19-31).

가자! 이제 끝!
진짜?

중요한 것은 예수 그리스도를 믿고 구원을 얻을 수 있는 기회는 살아있을 때만 가능하기 때문에

난, 살아있어~ 그것도 시퍼렇게~

이 기회를 놓치지 않도록 하는 게 중요합니다.

자~ 우린 이 기회를 어떻게 값지게 보낼까?

물론 하나님을 믿는 사람은 착하게 살 수 밖에 없지만,

덤벼보시지!

약 올라 죽겠지?

주님~저, 참아야 되는 거죠?

착하고 좋은 일을 많이 해야 천국에 가는 게 아니라,

감샤 합니다~

굽신굽신

1000원

하나님의 자녀가 되어야 갈 수 있는 곳이 천국이기 때문에

모든 것이 끝난 뒤에는 후회 해도 소용없는 일이 생기지 않도록(눅 16:28)

아이고~ 얘기해 줄 때 들을 꺼얼~~

지금 결단하는 것이 중요합니다.

탁!

그래! 바로 이거야! 난 결심했어!

그리고 사람들은 부모님이 돌아 가시면 제사를 잘 지내는 것이

효를 잘 하는 것이라고 생각하지만, 이것은 분명히 잘못된 생각입니다.

맛있게 드십시오~

성경에는 제사는 돌아가신 분을 섬기는 것이 아니라

귀신을 섬기는 것이라고 말씀하고 있습니다.

난, 늬 핼미다!

사람은 한 번 죽으면 다시 올 수 없고

아이고~
아이고~
아이고~

그 영혼은 영원히 지옥이나 천국으로 가게 됩니다(히 10:20).

천국, 지옥

으아 살려줘

그렇지만 귀신은 모든 것을 알기 때문에

뭐든지 물어봐

그것을 이용해 사람들을 마치 죽은 사람이 제사밥 먹으러 온 것처럼 착각하게 하고

모쪼록... 차린건 없지만 많이 드시고 가세요~

무당이나 점쟁이를 통해 마치 그 사람인 것처럼 속이는 것입니다.

굿을 해야 해! 굿을...!

복채도 두둑히 내놓고!

계룡보살

아! 예이~~

그렇게 제사를 계속해 지내게 되면 그 가문은 3~4대까지 망하게 된다고 성경은 말씀하고 있습니다(출 20:4-5).

27

Ⅲ. 하나님을 만나는 길

하나님은 사람을 사랑하시는데 사탄에게 속아 종 노릇하며 고통하는 사람들을 그냥 내버려 두셨을까요? 그렇지 않습니다.

하나님을 떠난 사람들은 스스로 하나님을 만나기 위한 엄청난 노력을 했습니다.

종교를 만들고

선행을 하기도 하고

철학을 만들고

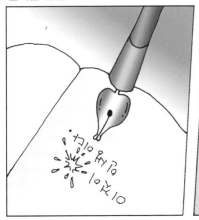

지식과 과학을 통해 사람의 능력으로 바벨탑을 쌓아 보았지만

인간의 힘 만으로는 절대로 하나님을 만날 수는 없습니다.

제발...
어디 있냐고요~~

그래서 하나님께서는 하나님을 떠나서 영적으로 죽은 상태인 인간을 구원하시기 위해

하나님 아들이시지만 완전한 사람의 몸을 입으신 예수 그리스도를 이 땅에 보내셨습니다(요 1:14, 요 3:16).

사람들의 근본문제인 하나님을 떠난 문제와 죄의 문제, 사탄의 문제를 단 한번으로 영원히 해결하기 위해

예수 그리스도는 십자가에서 죽으시고

3일만에 부활하셨습니다.

정말?
어디?

어? 무덤이 비었어. 방금 계셨었는데!

그래서 이제는 누구든지 예수 그리스도를 믿으면 구원을 받게 되었습니다.

나는 부활이요, 생명이니...!

이 사건을 '복음(Goodnews)' 이
라고 합니다.

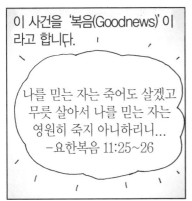

나를 믿는 자는 죽어도 살겠고
무릇 살아서 나를 믿는 자는
영원히 죽지 아니하리니...
-요한복음 11:25~26

이 세상 사람들은 부모를 통해 출생하지만,
예수 그리스도는 동정녀 마리아인 여자의 몸을 통해
성령으로 잉태되었습니다(사 7:14).

여자의 후손인 예수님은 뱀의
머리를 상하게 할 것이요
(창 3:15)

마귀의 일을 멸하는 만왕의 왕으로 오신 것이라고
성경은 말씀하고 있습니다(요일 3:8).

이처럼 하나님은
구원을 계획하셨고,

예수님을 보내셔서 구원을
성취하셨습니다.

인간을 구원 할 수 있는
그리스도(메시야)는 몇 가지
조건을 갖추어야 하는데,

먼저, 사탄의 권세를 이길 능력과 권세가 있어야 하고 (창 3:15, 요일 3:8)

말씀대로 내게 이루어지이다.

성령이 네게 임하시고, 지극히 높으신 이의 능력이 너를 덮으시리니... 나 실바 거룩한 이는 하나님의 아들이라.

반드시 아담의 후손이 아닌 성령으로 동정녀 마리아에게 잉태 된 여자의 후손이 되어야 하고(사 7:14)

인간의 몸을 입었지만 죄는 없어야 하고(요 1:1~4)

깨끗~!!

내 영혼을 아버지 손에 부탁하나이다.

죄 없는 몸으로써 다른 사람의 죄 값으로 죽어야 하고(창 2:17)

하나님이란 증거로 반드시 죽음을 이기고 부활해야 하고(고전 15:3~5)

승천하신 후에는 약속대로 성령을 믿는 사람들에게 보내주어야 하기 때문에(행 1:4-5)

이 세상에서 이 조건에 맞는 분은 예수님밖에 없습니다

그래서 예수님이 진정한 그리스도이신 것입니다(요 14:6)

만일 석가모니나 공자님이 그리스도라면 그들을 믿어야 하겠지만,

공자

나는 그저 사람일뿐!

그 분들은 훌륭한 교훈을 가르치신 분이지만 아담의 후손이고, 하나님이 아니고 구세주가 아니기 때문에 구원자로 믿을 수 없습니다.

오늘 계 무슨 모임해?

어허~ 난 그냥 사람 이라니깐!

공자

나도 사람!

맹자

산타!

모세

부처

나 역시 사람일 뿐이지!

나도 사람!

그리고, '예수'란 이름은 자기의 백성을 그의 죄에서 구원할 자란 뜻이고

하나님이 아들을 세상에 보내신 것은 세상을 심판 할려 하심이 아니요, 그로 말미암아 세상이 구원을 받게 하려하심이라 요 3:17

그리스도란 말은 기름 부음을 받았다는 뜻인데,

구약성경에는 왕, 선지자 제사장에게 기름을 부어 세웠습니다.

주르륵

아멘! 순종 합니다

그런데 '예수 그리스도'란 뜻은 예수님께서 이 세 가지 직분을 다 가지고 있음을 의미하고 있습니다.

나는 참왕이고,

참선지자 이며

참제사장 이기도 하지 (딤전 1:5)

첫째, 예수님이 선지자라는 것은, 구약시대에는 선지자를 세워서 하나님 말씀을 대신 전했는데 (신 18:15-18)

저~~기 있는 분이 제발 말 좀 잘 들으래요. 그만 속 썩이고!!

예수님은 하나님과 원수되고 끊어진 길을 다시 여신 하나님 만나는 길이 되시고

아자 열렸다~

삐걱~꾹!

영원한 진리이고 새 생명이기 때문에 (요 14:6)

마치 역류 하지 않는 물처럼!!

쏴아~

오직 예수 그리스도를 통해서만 하나님을 만날 수 있는 것을 말하고 있습니다.

둘째, 예수님이 제사장이라는 것은, 구약시대에 기름부음을 받은 제사장은 사람들이 죄를 짓게 되면,

또...

아유~지가유 글씨 이눔의 숭질머리를 못 죽이고...

양을 가지고 사람들의 죄를 대신해 속죄 제물로 하나님께 드렸습니다 (레 17:11).

에휴~~~맨날 우리가 몽땅 뒤집어 쓴다니까...

메에~~

예수님은 참된 제사장으로서, 운명과 저주에 매여 점치고 굿하며 끌려다니는 인간을 구원하시기 위해

십자가에서 생명을 버려 세상 모든 사람을 죄에서 해방시키며(롬 8:2)

하나님의 자녀로 새 생명을 얻게 해 주셨습니다.

셋째, 예수님이 왕이란 사실은 예수님은 사탄을 멸하신 왕 중의 왕이심을 말하고 있습니다(요일 3:8).

사탄은 귀신을 이용해 인간을 괴롭히며 종노릇하게 했는데

하나님은 이것을 이길 수 있는 예수 이름의 권세를 하나님 자녀에게 주셨습니다.

예수 그리스도 이름의 권세 앞에서만 마귀와 지옥 권세가 떨며 물러가게 됩니다.

정말 중요한 것은 이 예수 그리스도를 우리가 믿고 영접하는 것입니다.

영접은 마음문을 열고 예수 그리스도를 나의 주인으로 믿고

입으로 시인하여 모셔들이는 것을 의미합니다(롬 10:9~10).

저는, 예수 그리스도가 저의 주와 구주 되심을 믿습니다. 또, 살아계신 하나님께서 그를 사망 가운데서 다시 살리셔서 부활하게 하신 것을 마음으로 믿고 있습니다. 아멘~!

요 1:12에 보면, 영접하는 자 – 곧 그 이름을 믿는 자들에게는

지금 제 안에 오셔서 저를 깨끗하게 하시고.

주인이 되어 주세요. 아멘!

묻지도 따지지도 않고 하나님의 자녀가 되는 권세를 주시겠다고 약속하셨습니다.

이런 감동의 물결이...

그대는 이제 종이 아니라 아들이야! 무서워 말고 언제든지 아빠~ 하고 부르면 돼 (롬 8:15). 아빠~~해봐!

예수님은 진심으로 영접하는 사람 마음 속에 들어 오셔서

어서 들어오세요~

죄, 지옥, 사탄 문제에서 완전히 해방시키시고

안되겠네...

No!!
썩 물러갓!

하나님 자녀가 되는 복을 주십니다.

너는 다시 내 자식이야, 잊지마!

쏘옥

아멘!!

36

예수님을 주인으로 모셔 들이길 원하는 사람은 다음의 기도를 통해 영접 기도를 드릴 수 있습니다.

사랑이 많으신 하나님 아버지! 이 죄인을 용서하시고 구원의 길로 인도해 주심을 감사드립니다.
나를 위해 십자가에서 피 흘려 죽으시고 부활하셔서 죄와 사탄의 권세를 깨뜨리시고 모든 문제를 해결해 주신 것을 믿습니다. 지금 이 시간 내 마음의 문을 열고 예수 그리스도를 나의 구세주, 나의 주인으로 영접합니다.
내 마음 속에 성령으로 들어 오셔서 영원히 나를 다스려 주시고 주님이 원하시는 사람으로 만들어 주십시오.
지금부터 하나님 뜻대로 살겠습니다.
나를 구원해 주신 것을 감사드립니다.
예수님의 이름으로 기도합니다. 아멘!

진실한 마음으로 다음의 기도를 따라해 주십시오.

예수님을 영접한 사람들이 누릴 수 있는 축복들을 말씀드리겠습니다.

둘썩 스르르~

하나님의 자녀가 되면 받을 수 있는 놀라운 신분과 권세가 하나님 자녀에게 주어지는데

이건 도장 → 쾅!

사 인은 꽝꽝

먼저 하나님 자녀의 축복이 주어 집니다(요 1:12).

휘청 휘청

예수님을 믿으면 하나님의 자녀라는 새 생명의 권세가 우리에게 주어집니다(요 1:12).

예전에는 하나님을 모르는 마귀자녀의 신분이었지만, 이젠 하나님 자녀의 신분으로 완전히 바뀌게 된 것을 말합니다.

그리고 성령이 우리 안에 거하시며 인도해 주시는 축복이 주어집니다.

성령께서 우리 주인이 되셔서 우리 모든 생활을 축복의 길로 인도하시고 가르쳐 주십시다(요 14:26).

그래서 이제부터는 내 고집대로 사는 게 아니고

기도하면서 성령께서 인도하시는대로 살아가야 합니다 (요 14:16~17).

그리고, 하나님께 기도하면 응답을 받는 축복이 주어집니다(요 16:24).

하나님 자녀가 되면 기도할 수 있는 자격이 있고 하나님께서 기도에 응답해 주십시다.

아멘~

아들 예수를 아끼지 않고 모든 사람을 위해 내어 주신 하나님이신데, 어찌 그 아들과 함께 모든 것을 너에게 주지 않을 수 있겠니? (롬 8:32)

그래서 시간을 정해서 항상 기도해서 성령 충만함을 받는 게 필요합니다.

땡땡~ 땡땡~

저 왔어요!

그래, 어서와! 기다렸단다!

또 하나님 자녀가 된 사람에게는 어둠의 세력을 이기는 축복이 주어집니다.

사람을 괴롭히는 모든 저주의 세력들은

ㅋㅋ

질병 가난
슬픔 자살
기타 등등

예수 그리스도의 이름 앞에서 물러가게 되는 능력을 하나님의 자녀에게 주셨습니다. (눅 10:19)

예수

그리고 주의 사자의 도움을 받을 수 있는 축복이 주어집니다(히 1:14).

하나님 자녀가 위험할 때, 복음을 전파할 때 등 여러 일에서 기도하면

하나님께서 주의 사자들을 보내셔서 보호하시고 지켜주시는 도움을 받게 됩니다.

또한 천국에 갈 수 있는 축복이 주어집니다.

자녀가 태어나면 호적에 올리듯이

예수 그리스도를 영접한 사람들은 하늘 나라 생명록에 기록되고(빌 3:20),

하나님의 통치와 보호 인도를 받고 살다가

이 땅을 떠날 때, 영원한 천국에 들어가 영원한 생명을 누리게 됩니다.

마지막으로 온 세상에 복음을 전파할 수 있는 전도의 축복이 주어집니다.

예수님은 승천하시면서 성도들에게 부탁하신 일이 있습니다.

하늘과 땅의 모든 권세를 나에게 주셨으니

그것은 하늘과 땅의 모든 권세를 가지신 예수 그리스도의 이름으로(마 28:18-20)

그대들은 나아가 모든 민족을 제자로 삼아서, 아버지 하나님과 아들인 나 예수와, 성령의 이름으로 세례를 베풀고

이 세상 모든 민족에게 가서 복음을 전파하는 증인이 되라고 하신 것입니다.

내가 그대들에게 전한 모든 것을 가르쳐 지키게 하라!.... 땅 끝까지 이르러 내 증인이 되거라!

그리고, 땅 끝까지 복음이 전파되면 다시 오시겠다는 약속을 하셨습니다.

보라, 내가 세상 끝날까지 그대들과 항상 함께 있을 것이다!

주님…!

특히, 사랑의 하나님은 사람들이 멸망받지 않고 예수님을 믿고 구원받기를 간절히 기다리고 있습니다(요 3:16).

모두 내게 오라 !

그래서 하나님을 믿는 모든 사람들은 이 기쁜 소식을 부지런히 전해야 합니다.

천국이 가까이 왔습니다~!

예수 믿으세요~

그러면, 하나님 자녀가 되면 어떤 생활을 해야 하는지 말씀드리겠습니다.

먼저 일요일인 주일마다 가까운 교회에 나가서 예배를 드려야 합니다.

그리고, 성경 공부를 통해 복음을 더 깊이 알아가는 것도 필요합니다.

또, 목사님 말씀을 통해 하나님 말씀을 깨닫고 매일 기도를 해야 합니다.

아~ 그렇구나... 아멘!!

그리고 보이지 않는 사탄은 하나님 자녀가 신앙생활을 못하도록 방해를 합니다.

ㅋㅋ...

교회에도 못 가게 하고,

꾸아악~

안돼! 오늘 중요한 손님 오기로 했잖아~ 한 번 정도는 빠져도 돼~!

하나님 말씀도 못 듣게 하고

잘자 잘자♪

걱정, 근심, 두려움, 짜증 등으로 믿음 생활을 못하게 한다는 것을 잊으면 안됩니다.

난 이렇게 힘든데 도대체 하나님이 어딨냐구! 엉?

그래서 이런 일에 속지 않고 예수 그리스도 이름의 권세를 사용해 사탄을 물리치고

예수 그리스도 이름으로 명령하노니, 사탄아 떠나라!~

기도하면서 믿음생활을 잘 할 수 있도록 해야 합니다.

저를 도와주세요~

주님~

하나님 자녀들이 가져야 할 확신이 있습니다.

첫째, 구원의 확신을 가져야 합니다(요 1:12, 롬 8:21, 롬 10:9~10).

난, 하나님의 자녀!

으쓱~

예수님을 진심으로 믿고 영접하면 하나님 자녀가 됨을 분명하게 믿어야 합니다.

그분은 나의 주인이셔! 왜냐하면 나를 멸망에서 구원하셨기 때문이지

꼬덕

이것은 죄, 사탄, 저주, 지옥 문제가 끝난 완전한 해방입니다(롬 8:2).

죄

사탄

묵걱

지옥

철격

철격

철격

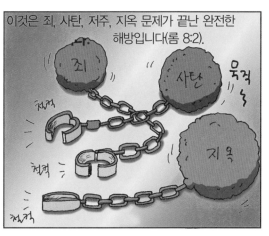

둘째, 기도의 응답도 믿어야 합니다. (요 16:24, 마 7:7~11, 요 14:14, 요 15:16~17).

아멘!! 믿습니다! 이제 하나님께서 저에게 어떤 일을 하실지 기다립니다!

영적 부모되신 하나님께 우리의 모든 것을 맡기고 구하면

턱!

이게 그 문제들입니다. 도와주신됐죠?

아버지의 넘치는 사랑으로 때를 따라 가장 좋은 것으로 하나님 자녀에게 응답해 주십니다.

자, 다 해결되었다!

턱!

이 사실을 믿는 것이 중요합니다.

그리고 24시간 기도로써 하나님과 대화하면서 사는 삶은 행복한 사람이라 할 수 있습니다.

세 번째는 승리의 확신을 가져야 합니다(요 16:33, 고전 10:14, 요일 3:8).

하나님 자녀에게는 어떠한 문제와 사건도 문제될 것이 없습니다.

하나님을 믿고 하나님께 맡기고 기도하면

하나님께서 끝까지 붙들어 주시고, 이길 힘을 주시고

모든 것이 협력해서 좋은 일이 되도록 바꾸어 주시기 때문입니다(롬 8:28).

네 번째는 죄 사함의 확신을 가져야 합니다.(요일 1:9)

또, 사탄이 아무리 공격해도 예수님의 이름으로 승리하게 해 주시기 때문입니다.

하나님을 떠나서 우상숭배한 죄, 살면서 저지른 죄들은

돈이나 눈물, 그 어떠한 것으로도 죄를 씻을 수가 없습니다.

그러나 예수님을 진심으로 영접하는 순간,

이전에 아무리 많은 죄를 지었다 해도

십자가에서 예수님이 흘리신 피로 다 씻겨 주시고

용서해 주시기 때문에 하나님 자녀는 죄와 아무 상관이 없게 됩니다.

죄의 열매는 사망이지만 하나님의 선물은 그리스도 우리 주 안에 있는 영원한 생명이다! (롬 6:23)

다섯째, 인도의 확신을 가져야 합니다(창 3:5~6, 요 14:26). 예수님을 영접한 사람들에게는 성령께서 주인으로 오셔서

무슨 일을 하여도 하나님을 믿고 예수님 이름으로 기도하는 사람들을

감사합니다. 아멘! 믿습니다~

끝까지 책임지고 인도해 주시기 때문에

네 곁에는 언제나 내가 있단다!

예배와 말씀, 기도 속에서 하나님의 뜻과 계획이 무엇인지 늘 귀를 기울이면

아하~

쫑긋 쫑긋

삶을 성공 시킬 수 있습니다.

우리 다 같이 이 확신을 가지고 하나님의 전신갑주 (엡 6:13~20)를 입고 날마다 우리의 삶 속에서 승리할 수 있기를 바라겠습니다.

전신갑주

우뚝! 짜~안!

믿음의 방패 →

의의 흉상경

← 구원의 투구

← 진리의 허리띠

← 성령의 검 곧 말씀의 검

← 평안의 복음의 신

예수님을 믿고 진정한 행복을 왕창 바겐세일 받는 여러분이 되시길 축복합니다.

1. 신앙에 도움을 주는 기초들

1. 교회

1) 교회는 하나님께서 죄인들을 세상에서 밖으로 불러 내시어 거룩하게 구별하신 성도들의 모임입니다.

2) 교회는 하나님의 백성, 그리스도의 몸, 성령의 전입니다.

3) 예수님께서 최초로 교회에 관해 언급하시고 예수 그리스도 위에 친히 자신의 교회를 세우실 것을 약속하셨습니다.

4) 교회는 예수님의 부활 승천후, 오순절 날 성령이 강림하심으로 탄생되었습니다.

5) 교회가 하는 일은 예배, 말씀 선포와 교육, 성도의 교제, 전도, 봉사입니다.

2. 예배

1) 하나님은 영이시기 때문에 예배드리는 사람은 신령과 진정으로 하나님께 예배드려야 합니다(요4:24).

2) 예배의 목적은 하나님의 영광을 드러내고 자신이 은혜받고 믿음이 성장하고 다른 사람을 하나님 앞으로 인도하는 것입니다.

3) 예배드리는 사람의 자세는 마음으로 회개와 용서를 구하고 겸손한 마음과 존경과 감사하는 심정으로 예배드려야 합니다.

3. 섬김

1) 예수님은 제자들을 빛과 소금이라고 하셨습니다.

2) 예수님은 사람들에게 빛을 비추라고 하셨습니다.

3) 소금이 맛을 잃으면 버려지게 됩니다.

4) 예수님은 섬기러 이땅에 오셨다고 말씀하셨고 그렇게 사셨고 우리들에게도 섬기는 삶을 살라고 하셨습니다.

4. 전도

1) 예수님은 전도하러 이 세상에 오셨다고 말씀하셨습니다(막1:38).
2) 전도는 예수님의 명령입니다(막16:15).
3) 하나님은 모든 사람이 구원받길 원하십니다.

5. 기도

1) 기도는 하나님과의 대화입니다.
2) 기도는 성도의 호흡입니다.
3) 기도는 하나님과의 교제를 위해서, 죄의 고백을 위해서, 마귀의 유혹과 시험에서 승리하기 위해서, 우리의 필요를 공급받기 위해서 해야 합니다.
4) 기도의 대상은 하나님 아버지입니다.
5) 기도는 하나님의 뜻에 맞게 예수님 이름으로 기도하면 응답받습니다.
6) 기도 응답은 그래, 안돼, 기다려, 침묵이 있습니다. 어떤 응답이든 하나님이 우리에게 주신 최선의 응답입니다.

6. 성경

1) 성경은 하나님께서 사람들을 통하여 기록하게 하신 하나님의 말씀입니다.
2) 구약은 39권, 신약은 27권으로 모두 66권으로 되어 있습니다.
3) 성경은 영감된 하나님의 말씀입니다. 영감은 기록자들이 하나님 말씀을 기록할 때 주셨던 영적인 감동을 의미합니다.

7. 성령의 은사

1) 은사의 뜻은 선물(재능)입니다.

2) 지혜의 말씀, 병고침, 능력 행함, 예언, 방언, 가르침, 구제, 복음 전하는 자 등 다양한 은사는 성령님이 주십니다.

3) 신학자 매튜 헨리는 "하나님께서 은사를 주신 목적과 이유는 자랑하기 위하여 주어진 것이 아니라 봉사하기 위해 주어졌고, 뽐내기 위함이 아니라 덕을 세우기 위함이며, 높아지기 위함이 아니라 가르치기 위함이며, 더 나아가 교회의 유익과 복음 전파를 위함이라"라고 말했습니다.

8. 하나님

1) 하나님은 스스로 계시는 분입니다.

2) 하나님은 이 세상 모든 것을 창조하신 창조주이십니다.

3) 하나님은 예수님을 이 땅에 보내 많은 사람들이 구원을 얻게 하셨습니다.

9. 예수님

1) 예수님은 이 세상에 오신 완전한 하나님이시며 완전한 인간이십니다.

2) 예수님은 우리의 모든 죄를 대신해 십자가에서 죽으시고 3일만에 다시 부활하셨습니다.

3) 누구든지 예수님을 믿으면 구원을 얻게 됩니다.

10. 성령님

1) 성령님은 하나님이십니다.

2) 성령님은 구원받은 사람안에 거하십니다.

3) 성령님은 우리가 구원받도록 이끄시며 우리 안에서 우리를 도우십니다.

2. 성도를 미혹하는 검은 세력들
(이단, 사이비, 타종교, 오컬트 등)

1. 이단

1) 몰몬교(말일 성도 예수 그리스도 교회)
(1) 성경의 삼위일체를 부인합니다.
(2) 사람도 노력하면 신이 될수 있다고 주장합니다.
(3) 예수는 하늘의 남성과 여성이 낳은 자녀중 장자라고 주장합니다.
(4) 미국에 시온(낙원)이 건설 된다고 주장합니다.

2) 안식교(제칠일 안식일 예수 재림교)
(1) 화이트 부인의 환상과 사적 계시에 치중합니다.
(2) 토요일을 안식일로 지킵니다
(3) 과거에 종말을 예언했습니다(빗나갔음).
(4) 율법을 완전히 지켜야 구원을 받는다고 주장합니다.
(5) 예수 그리스도는 죄성을 가지고 있다고 주장합니다.

3) 여호와의 증인
(1) 삼위일체 부인
(2) 예수 그리스도를 먼저 창조된 피조물이라고 주장합니다.
(3) 성령은 인격체가 아닌 단순한 피조물이라고 주장합니다.
(4) 천국과 지옥을 부인하고, 지상 천국을 주장합니다.

4) 구원파(기독교 복음 침례회, 대한 예수교 복음 침례회)

(1) 구원 받은 사람은 회개할 필요가 없다고 주장합니다.

(2) 십일조, 새벽기도를 부정합니다.

(3) 회개하는 것은 구원받지 못한 증거라고 주장합니다.

5) 통일교(참 가정 교회)

(1) 인간의 타락은 하와와 뱀(사탄)의 성적 타락에서 시작되었다고 주장합니다.

(2) 메시아와 육체 관계를 맺어서 혈통 교환(피 갈음 교리)을 해야 구원을 받는다고 주장합니다.

(3) 문선명을 재림주로 신앙합니다.

(4) 십자가에서 죽은 예수는 영적 구원만 이룬 실패자라고 주장합니다.

6) JMS(예수교 대한 감리회, 애천 교회, 낙성대 교회, 서울 교회 등 이들은 자주 이름을 바꾼다.)

(1) JMS의 교리는 통일교 원리 강론의 중요 부분을 많이 표절했습니다.

(2) 1945년부터 1978년 6월까지는 문선명이, 그 이후에는 정명석(JMS) 자신이 재림주의 사명을 받아 사역한다고 주장합니다.

(3) 정명석은 그전에 통일교 승공 강사로 활동했습니다.

7) 귀신론(베뢰아 아카데미, 성락교회)

(1) 아담 이전에도 사람이 살았다고 주장합니다.

(2) 불신자가 죽어서 귀신이 된다고 주장합니다.

(3) 모든 사고, 질병, 원인은 귀신 때문이라고 주장합니다.

8) 신천지 증거 장막 성전(무료 성경 신학원)

(1) 지금은 계시록의 시대이며 이만희는 이 시대의 사도 요한격이라고 주장합니다.

(2) 아담 이전에도 사람이 존재했다고 주장합니다.

(3) 성경에 나타난 삼위일체, 하나님의 창조, 이적을 다 부인합니다.

(4) 대한민국 과천시 막계리에 지상 천국이 건설된다고 주장합니다.

9) 영생교(승리 제단)

(1) 예수님의 사심을 부인합니다.

(2) 조희성 자신이 주님이요 인류를 구원하는 구세주, 정도령, 미륵불이라고 주장합니다.

(3) 천국, 지옥, 부활을 부인합니다.

10) 하나님의 교회(안상홍 증인회, 유월절 새 언약 하나님의 교회)

(1) 안상홍이 보혜사 성령, 재림 예수로 다시 재림한다 주장합니다.

(2) 안상홍의 부인 장길자를 하나님의 아내요 어린 양의 신부이며 어머니 하나님으로 신앙합니다.

(3) 안상홍의 이름으로 기도합니다.

(4) 토요일을 안식일로 지킵니다.

2. 타종교

1) 불교

(1) 불교는 현실주의 종교입니다.

(2) 깨달음을 강조합니다.

(3) 인간의 모든 문제는 인간에 의해서만 해결 가능하다고 합니다.

2) 천주교

(1) 성경에 없는 교황 제도를 가지고 있습니다.

(2) 마리아를 숭배하는 교리가 있습니다.

(3) 믿음과 함께 행위 구원을 강조합니다.

3) 힌두교

(1) 3억 3천만의 신을 신앙합니다.

(2) 윤회, 환생을 주장합니다.

(3) 사람은 누구나 신이라고 주장합니다.

4) 이슬람교(회교)

(1) 삼위일체를 부인하고, 알라신만 인정합니다.

(2) 예수 그리스도는 구세주가 아니라 하나의 예언자라고 주장합니다.

(3) 마호멧은 예언자들 중 가장 위대한 인물이라고 주장합니다.

5) 대순 진리회

(1) 교조 강증산(본명 강일순)을 하느님, 구천상제, 도솔천상의 옥황상제, 무극신, 미륵존불, 대 구세주 등 최고신으로 신앙합니다.

(2) 강증산이 유불도의 음양오행, 풍수사상, 도참설 등 온갖 잡술까지 모아 만든 혼합 사상입니다.

(3) 한국의 샤머니즘과 국술 신앙을 기초합니다.

3. 기타 다양한 미혹들

1) 뉴 에이지 운동

(1) 인격적인 하나님은 없고 하나의 에너지와 같다고 주장합니다

(범신론 사상).

(2) 예수 그리스도 없이도 신이 될수 있다는 윤회설을 신앙합니다.

(3)천국 지옥을 부인합니다.

(4) 전생과 환생을 주장합니다.

2) 반 기독교적 서적(성서 밖의 예수, 우주인과 생명, 여호와의 실수, 정도령 I ,II, 불 제자였던 예수, 성서속의 붓다, 기독교는 과연 진리인가?, 성경속의 참 진리, 나를 따르라, 이것이 개벽이다, 불경과 성경, 법화경과 예수, 배꼽, 성자가 된 청소부...)

(1) 하나님을 대 학살자인 악한 신으로 단정합니다.

(2) 예수님을 불 제자나 종교적 방랑자로 단정합니다.

(3) 외계인을 원시인이 하나님으로 착각했다고 주장합니다.

반 기독교적인 서적은 근거없는 공상의 산물이고 허무 맹랑한 내용이 많고 비 과학적이며, 제대로 연구하지 않고 무책임하게 주위 모아 엮은 것으로 성경을 모르는 사람이 뚜렷한 근거없이 악평하는 것입니다. 한 마디로 고의적인 기독교 파괴 행위입니다.

3) 색채 진단과 색채 요법

(1) 색채 진단과 색채 요법은 인간 정서에 활력을 주거나 억제시켜 주는 효과가 있지만 신비술이란 문제가 있습니다.

(2) 별점을 치거나 주술적 물건과 영접자의 영기를 사용하는 온갖 형태의 신비술을 총동원합니다.

4) 홍채 진단

(1) 눈의 홍채를 보고 질병의 이상 유무를 진단합니다.

(2) 원시적이고 미신적인 것에서부터 시작합니다.

5) 발 진료법

(1) 의학적 근거가 약합니다.

(2) 신비력(무속적인)이 사용되는 경우가 많습니다.

6) 마인드 컨트롤

(1) 신비술적인 현상이 포함됩니다.

(2) 특히 실바 마인드 컨트롤의 경우는 확실하게 신비술적인 요소가 나타나 있습니다.

7) 요가

(1) 천국과 지옥을 부인합니다.

(2) 사람들로 하여금 예수 그리스도를 믿지 못하게 합니다.

(3) 자력 구원과 무신론을 주장, 끝내는 악령 숭배로 귀결됩니다.

(4) 요가를 하는 것은 악령을 맞아들이려고 문을 여는 것입니다.

8) 명상

(1) 신비술적인 요소를 사용하여(예수 그리스도 없이) 명상 하는 것은 극히 위험합니다.

(2) 티벳의 대 주지승은 예수 그리스도를 영접한 후 명상 요법을 단호히 끊어 버렸습니다.

9) 점술

(1) 성경은 점술의 모두가 하나님의 심판아래 놓인 악령적인 악습이라고 말씀하고 있습니다.

10) 최면술

(1) 최면술은 사람에게 영적, 정신적, 육체적으로 엄청난 악영향을 줍니다.

11) 속임수 요술

(1) 진짜 마법술과 관련을 맺는 경우 상당한 위험이 초래됩니다.

12) 평화의 상징

(1) 거꾸로 된 십자가를 뜻하며 십자가를 모독하고 기독교인을 증오하는 표징으로 사용합니다.

(2) 각종 사탄적인 사교, 신성 모독을 나타내는 상징으로 사용합니다.

13) 마약 중독

(1) 마약은 개인과 가정, 사회를 철저히 파괴합니다.

(2) 참된 해방은 예수 그리스도를 믿을 때 가능합니다.

14) 외설 문헌

(1) 레닌은 "젊은이들을 성에 맛들리게 하라! 그러면 그대는 그 젊은이들을 장악하여 손아귀에 넣게 될 것이다." 라고 말했습니다.

(2) 음란의 배후에는 사탄이 도사리고 있습니다.

15) 할로윈데이

(1) 간단하게 말해서 귀신 축제를 말합니다.

(2) 할로윈데이 축제는 고대 사탄 사교인 드루이드교에 기원합니다.

16) 기 사상

(1) 모든 것은 다 기로 되어 있다고 주장합니다. 이것은 어떤 초월적인 존재도 다 부정합니다.

(2) 모든 기 사상은 신인 합일주의적인 신비주의와 범신론 사상으로 나타납니다.

17) 단전 호흡

(1) 원래 도교의 불로 불사의 양생술의 하나입니다.

(2) 단전 호흡이나 기공의 밑바탕에는 인간적인 수련을 통해서 신적 존재가 될 수 있다는 영생술이 존재하고 있습니다.

18) 초능력 현상

(1) 초능력자들은 사람은 원래 신이라고 생각하고 신의 능력을 되찾기 위해 노력합니다.

(2) 초능력 수행을 하는 사람들 중에는 귀신 들림, 환각, 망각, 자살, 불안, 의심, 수면 장애, 우울, 공포 등의 정신 질환에 시달리는 사람이 많습니다.

19) TV

(1) TV는 잠재의식에 파고드는 위험한 암시력을 소유하고 있습니다.

(2) TV에게 지배당하지 말고 TV를 조절, 이용해야 합니다.

20) 심령 과학

(1) 신비 현상을 다루는 과학의 한 분야입니다.

(2) 심령 과학은 신비술적인 요소가 많기 때문에 상당히 위험합니다.

21) 동성애

(1) 성경은 동성애를 금하고 있습니다.

(2) 동성애는 다른 방법으로 해결할 길이 없고 하나님께 의지하고 거듭날 때 하나님의 능력으로 해결 가능합니다.

22) 락 음악, 랩, 뉴 에이지 음악, 헤비 메탈 등 문제시되는 현대 음악

(1) 가사와 리듬, 멜로디를 통해 사람의 잠재의식에 악 영향을 끼칩니다.

(2) 많은 뮤지션들이 하나님을 멀리하고 사탄적인 요소를 드러내는 경우가 많습니다.

23) 윤회와 환생설

(1) 창조주 하나님의 존재를 부인합니다.

(2) 요가 수행자들, 초능력자, 심령술사, UFO를 신봉하는 자들, 뉴 에이지 사상을 가지고 있는 자들, 힌두교인 등은 모두가 윤회와 환생을 신앙합니다.

24) 전생

(1) 모든 전생 회상의 체험은 무의식의 상태에서 이루어 집니다.

(2) 사탄은 무의식 상태에서 거짓된 정보를 넣어 줍니다.

(3) 힌두교 수행자들은 일종의 귀신 들림 현상으로 간주하고 있습니다.

25) 제사

(1) 조상 숭배 제사는 중국의 고대 신앙에서 유래되었습니다.

(2) 조상에게 제사를 지내는 것은 죽은 혼을 부르는 초혼 의식입니다.

(3) 성경은 귀신(마귀)과 교제하면 재앙을 불러온다고 경고합니다.

26) 노장 사상
(1) 노자사상은 반 문화주의 적 저항이며 초탈적 처세 철학입니다.
(2) 노자사상은 비 현실적, 이상주의적, 유토피아적 사상입니다.

27) 풍수 지리
(1) 죽은 자 숭배, 조상 숭배, 기 사상과 결부되어 길흉화복을 구하는데서 출발합니다.

28) 수맥
(1) 수맥은 본질적으로 풍수지리와 밀접한 연관이 있습니다.
(2) 수맥은 신비주의적인 면이 있으며 모든 신비주의는 초능력과 관계가 있고 그 배후에는 악령들이 있습니다.

29) UFO 현상
(1) UFO 현상은 매우 주술적입니다.
(2) UFO는 접신을 행하고 환생등을 주장하고 하나님 창조를 부정합니다.

30) 부적
(1) 본래 부적을 만드는 과정에는 주문을 외우고 귀신과 신접하는 것이 포함됩니다.
(2) 부적을 사용하는 것은 현세적인 이익을 얻기 위해 귀신과 관계를 가지는 것입니다.

31) 동양적인 명상법

(1) 마인드 컨트롤이나 T.M(초월 명상) 같은 것이 대표적입니다.

(2) 죄와 고통은 환상이고 마음을 깨우치기만 하면 다 사라져 버린 다고 주장합니다.

(3) 이것은 전형적인 범신론적 신비주의며 사람들이 곧 신이라는 사탄의 가르침과 일치합니다.

32) 애니미즘, 샤머니즘, 무속 신앙

(1) 애니미즘은 신화, 잡다한 설화 등으로 구성되어 있으며 교리나 창시자도 없습니다.

(2) 영혼과 사후 상태를 믿고 자연 만물에 초자연적인 영이 있다고 믿고 섬깁니다.

(3) 문제가 생길 때는 관련된 영들을 무당을 통해 달래어 문제를 해 결하려고 합니다.

33) 점성술

(1) 고대 바벨론이 그 기원입니다.

(2) 중국 대표적 운명론인 사주는 태양신 숭배 사상과 관련 있습니다.

34) 역술(사주, 관상, 궁합)

(1) 사주는 사람이 태어난 연월일시 4가지를 의미합니다.

(2) 궁합은 사주를 가지고 서로 맞추어 보는 것입니다.

(3) 관상은 사람의 얼굴, 손, 발, 동작, 말씨 등을 살펴보고 그 사람 의 길흉화복을 판단하는 것입니다.

(4) 사탄은 길흉화복의 거짓 예언들을 통해 사람들의 행동과 의식 을 속박합니다.

35) 신 과학 운동

(1) 뉴 에이지 운동의 과학적 측면으로 동양 사상을 주장합니다.

(2) 신 과학 운동은 인도 사상이나 불교 사상과 일치하는 면이 많습니다.

(3) 하나님 존재를 부정하고 무신론을 은연중에 주장합니다.

36) 라엘리안 운동

(1) 성경의 엘로힘(하나님)은 우주인이라고 주장합니다.

(2) 예수, 모세, 석가, 마호멧은 우주인이 보낸 메신저들이라고 주장합니다.

(3) 하나님, 영혼, 동정녀 탄생, 예수 그리스도의 구속, 사후 심판을 다 부정합니다.

6. 간단한 전도 지침

1) 전도는 무엇인가?

전도는 죄와 허물로 죽은 사람을 살리는 것이다(엡2:1).

2) 누가 할수 있는가?

거듭난 자(요3:3-5), 하나님 자녀(요1:12)

3) 전도인의 자세

(1) 먼저 신앙의 확신을 가지라

(2) 사람의 영혼을 사랑하라

(3) 성경을 많이 읽으라.

(4) 항상 기도하라.

(5) 항상 전도할 수 있도록 준비하라.

(6) 전도 대상자에 대한 계획을 세우라.

(7) 계속적인 성령 충만을 받으라.

(8) 하루에 한번은 전도 대상자를 방문하라.

(9) 금전 관계, 개인 사생활 문제는 어떤 일이 있어도 하지마라.

(10) 주일성수와 십일조 생활로 모든 일에 모범이 되라.

(11) 전도하는 사람으로서 더욱 힘써 배우고 훈련을 받으라.

4) 전도 사역자의 행동 수칙

(1) 매일 하나님을 가까이 하는 시간을 꼭 가지라(하나님의 전신갑주 무장)

(2) 매일 3번 기도하라(전도할 지역 선정, 전도 대상자 선정)

(3) 침투하라(기회 포착)

(4) 전투하라(복음 제시).

(5) 점령하라(결단, 양육, 제자).

5) 전도시 주의 할점

(1) 상대방의 이야기부터 들으라.

(2) 눈은 항상 상대방의 얼굴을 향하여 크게 떠라.

(3) 두 사람이 같이 앉아 있을 경우는 피하고 가급적 혼자있는 사람을 대상으로 삼으라

(4) 주위가 산만하지 않고 조용한 곳을 택하여 앉아서 이야기를 나눠라.

(5) 자신의 신분을 정확하게 먼저 밝혀라.

(6) 강압적이거나 억지를 주는 느낌을 절대 주지 마라.

(7) 모든 것을 하나님께 맡기고 최선을 다하라.

7. 간단한 핵심 복음

당신은 진정으로 행복하십니까?

가정 문제, 불안한 미래, 말 못할 고민으로 인해 괴로워 하지 않습니까? 술, 담배, 마약, 쾌락 등으로 힘들어 하지 않습니까?

여기에 그 이유와 자유하는 길이 있습니다.

1) 사람은 원래 하나님과 함께 있도록 창조되었습니다. 하나님과 함께 할 때는 너무나 행복했습니다. 모든 것을 하나님께서 책임지시고 공급하셨습니다(창1:27-28).

2) 그런데 사탄의 유혹을 받아 사람은 하나님께 죄를 짓고 하나님과 분리하게 되었습니다. 그러자 죄의 결과로 굉장한 고통이 사람에게 임하게 되었습니다(창3:2-7).

3) 죄인인 사람들은 죄의 지배를 받으며 심각한 문제와 고통가운데 빠지게 되었습니다. 진정한 평안과 만족은 없고 불안, 근심, 정신병, 이상하게 더해지는 어려움 등으로 고통 하다가 결국 지옥에 가게 됩니다(눅16:19-31).

4) 사람들은 이런 고통속에서 벗어나기 위해 과학, 돈, 지식, 우상숭배, 명상등 온갖 방법을 동원해 보지만 해결은 되지 않고 더 어려워 지기만 합니다. 왜냐하면 이 고통은 죄를 짓고 하나님을 떠난 데서 시작되었기 때문입니다(창3:23-24).

5) 하나님은 고통받는 사람들을 무조건적으로 사랑하시고 예수님을 우리에게 보내 주셨습니다. 예수님은 십자가에서 인간의 죄를 담당해 대신 죽으시고 3일 만에 다시 부활하셨습니다. 예수님은 구원받는 길을 활짝 열어 놓으셨습니다. 이제는 누구든지 예수님을 믿기만 하면 구원받게 됩니다(행16:31).

6) 다음의 기도를 통해 예수님을 나의 구세주, 나의 주인으로 영접하면 당신은 분명히 구원받게 됩니다. 이 기도를 진심으로 따라하십시

오 "살아계신 하나님! 저는 죄인입니다. 저의 죄를 십자가 보혈로 용서하여 주옵소서. 지금 예수님을 나의 구세주, 나의 주인으로 영접합니다. 내 마음속에 오셔서 영원히 나와 함께 해 주옵소서. 예수님의 이름으로 기도합니다. 아멘."

7) 하나님 자녀가 된 당신에게는

(1) 하나님께서 영원히 당신과 함께하는 축복이 주어집니다(마28:20).

(2) 당신의 죄가 깨끗이 용서되는 축복이 주어집니다(요일1:9).

(3) 예수님의 이름으로 기도하면 응답되는 축복이 주어집니다(요 14:14).

(4) 하나님 자녀의 권세를 가지는 축복이 주어집니다(눅10:19).

(5) 성령께서 당신 안에 거하셔서 보호, 인도해 주시는 축복이 주어집니다(고전3:16).

(6) 영원한 천국의 축복이 주어집니다(고후5:1).

(7) 당신을 통해 온 세상에 예수 복음이 전해지는 축복이 주어집니다(행 1:8).